THE WEAPONS ENCYCLOPÆDIA
TANK AIRCRAFT AFV SHIP ARTILLERY VEHICLES SECRET WEAPON

CHAR B-1

THE WEAPONS ENCYCLOPAEDIA

EDITORIAL STAFF
Luca Cristini, Paolo Crippa.

REDAZIONE ACCADEMICA
Enrico Acerbi, Massimiliano Afiero, Aldo Antonicelli, Ruggero Calò, Luigi Carretta, Flavio Chistè, Anna Cristini, Carlo Cucut, Salvo Fagone, Enrico Finazzer, Arturo Giusti, Björn Huber, Andrea Lombardi, Aymeric Lopez, Marco Lucchetti, Gabriele Malavoglia, Luigi Manes, Giovanni Maressi, Francesco Mattesini, Daniele Notaro, Péter Mujzer, Federico Peirani, Alberto Peruffo, Maurizio Raggi, Andrea Alberto Tallillo, Antonio Tallillo, Massimo Zorza.

PUBLISHED BY
Luca Cristini Editore (Soldiershop), via Orio, 35/4 - 24050 Zanica (BG) ITALY.

DISTRIBUTION BY
Soldiershop - www.soldiershop.com, Amazon, Ingram Spark, Berliner Zinnfigurem (D), LaFeltrinelli, Mondadori, Libera Editorial (Spain), Google book (eBook), Kobo, (eBoook), Apple Book (eBook).

PUBLISHING'S NOTES
None of unpublished images or text of our book may be reproduced in any format without the expressed written permission of Luca Cristini Editore (already Soldiershop.com) when not indicate as marked with license creative commons 3.0 or 4.0. Luca Cristini Editore has made every reasonable effort to locate, contact and acknowledge rights holders and to correctly apply terms and conditions to Content. Every effort has been made to trace the copyright of all the photographs. If there are unintentional omissions, please contact the publisher in writing at: info@soldiershop.com, who will correct all subsequent editions.

LICENSES COMMONS
This book may utilize part of material marked with license creative commons 3.0 or 4.0 (CC BY 4.0), (CC BY-ND 4.0), (CC BY-SA 4.0) or (CC0 1.0). We give appropriate attribution credit and indicate if change were made in the acknowledgments field. Our WTW books series utilize only fonts licensed under the SIL Open Font License or other free use license.

CONTRIBUTORS OF THIS VOLUME & ACKNOWLEDGEMENTS
Ringraziamo i principali collaboratori di questo numero: I profili dei carri sono tutti dell'autore. Le colorazioni delle foto sono di Anna Cristini. Ringraziamenti particolari a istituzioni nazionali e/o private quali: Stato Maggiore dell'esercito, Archivio di Stato, Bundesarchiv, Nara, Library of Congress, Wikipedia, USAF, Signal magazine, Cronache di guerra, Fronte di guerra, IWM, Australian War Museum, ecc. A P.Crippa, A.Lopez, Péter Mujzer, L.Manes, C.Cucut, archivi Tallillo. Model Victoria (www.modelvictoria.it) ecc. per avere messo a disposizione immagini o altro dei loro archivi.

For a complete list of Soldiershop titles, or for every information please contact us on our website: www.soldiershop.com or www.cristinieditore.com. E-mail: info@soldiershop.com. Keep up to date on Facebook https://www.facebook.com/soldiershop.publishing

Titolo: **CHAR B1** E B1 BIS, B1 TER E VARIANTI Code.: **TWE-025 IT**
Collana curata da L. S. Cristini
ISBN code: 979-12-5589-1260 Prima edizione giugno 2024
THE WEAPONS ENCYCLOPAEDIA (SOLDIERSHOP) is a trademark of Luca Cristini Editore

THE WEAPONS ENCYCLOPÆDIA
TANK AIRCRAFT AFV SHIP ARTILLERY VEHICLES SECRET WEAPON

CHAR B1
B1 BIS, B1 TER E VARIANTI

LUCA STEFANO CRISTINI

BOOK SERIES FOR MODELLERS & COLLECTORS

INDICE

Introduzione .... Pag. 5
 - Lo sviluppo .... Pag. 5
 - Caratteristiche tecniche .... Pag. 7
 - Char B1 Bis .... Pag. 10

Le versioni dei mezzi .... Pag. 15
 - B1 e B1 Bis .... Pag. 15
 - Altre varianti .... Pag. 16

Impiego operativo .... Pag. 23
 - In Francia .... Pag. 23
 - In Germania .... Pag. 32
 - In Italia e Dopoguerra .... Pag. 36
 - Modelli sopravissuti .... Pag. 37

Mimetica e segni distintivi .... Pag. 41

Scheda tecnica .... Pag. 52

Bibliografia .... Pag. 58

▲ Char B1 bis conservato a Stonne, in Francia, denominato TOULAL; apparteneva alla 3ª compagnia, 49ª BCC, 3ª divisione corazzata. Precedentemente denominato MERRY-BELLOY, fu distrutto a Stonne il 14 maggio 1940. Il suo equipaggio è rimasto noto, ed era il seguente: Comandante del carro armato Tenente Caravéo; Pilota Primo maresciallo Henri Lefevre; Radio Sergente Pierre Butel; Assistente pilota Caporale René Chomette. Licenza by The shadock come PD.

INTRODUZIONE

Lo **Char B1** era un pesante carro armato da combattimento francese, progettato tra le due guerre e utilizzato all'inizio della Seconda Guerra Mondiale. probabilmente il più famoso e noto in uso in quel fatale maggio del 1940. La sua progettazione iniziò negli anni '20, con diversi prototipi, finché venne scelto il modello Renault nel 1929, ma la produzione in serie fu avviata solo nel 1934. Vennero prodotti 35 esemplari nel primo modello, il carro **B1** (del 1935) e 365 esemplari nel modello **B1-bis** (del 1937). Armato di un cannone anticarro in torretta e di un potente cannone in casamatta, il carro B1 era destinato a perforare le linee nemiche. Durante le operazioni di maggio-giugno 1940, la potenza dei B1 bis riuscì a rallentare gli attacchi tedeschi, ma molti carri vennero persi a causa di guasti, e del consumo di carburante troppo elevato. Il carro armato francese godette sin dall'inizio di una notevole reputazione come il mezzo più potente e agguerrito dell'esercito francese del 1940, e persino i tedeschi lo temevano. La realtà però era ben diversa, e assai meno brillante per le armi francesi (al tempo quelle corazzate erano ritenute spesso superiori a quelle della Wehrmacht). Il B1 Bis alla prova dei fatti si rivelò per quello che era, ovvero un mezzo assai problematico da manovrare in battaglia, oltre che costoso da produrre. La Wehrmacht, e successivamente l'Esercito francese della Liberazione, continuarono a utilizzare i carri B1 fino alla fine della guerra.

■ LO SVILUPPO

Nel 1919 il generale Jean Baptiste Eugène Estienne, nel suo memorandum *"Mémoire sur les missions des chars blindés en campagne"*, descrisse il concetto di Char de Bataille (carro da battaglia): esso, doveva essere in grado di sfondare le linee nemiche, distruggere le fortificazioni, i nidi di mitragliatrice e i carri avversari. Ed è proprio in queste righe che si trovano le origini dello Char B1.

▲ Un carro B1 Bis, nome di battaglia: "Chambertin" appartenente alla 3ª DcR, operativo nelle vie di un villaggio francese del nord. Francia, maggio 1940.

▲ Visione laterale del prototipo SRB. Si nota il tracciato dei cingoli, rialzato nella parte centrale, e il portellone di accesso dell'equipaggio. Assai curioso, quasi ridicolo, il treno d'artiglieria porta equipaggio/munizioni trainato dal prototipo.

Nel gennaio 1921 una commissione presieduta dal Generale Edmond Buat avviò un progetto per tale veicolo. Il progetto suscitò un forte interesse nell'industria nazionale. Per evitare la concorrenza dannosa tra le aziende, il generale impose un accordo che obbligava gli industriali a collaborare senza competizione e a cedere i brevetti all'esercito.

Per limitare i costi, doveva essere costruito come un cannone semovente, con l'arma principale fissa inserita nello scafo. Per minimizzare le dimensioni del veicolo, questo cannone doveva essere in grado di muoversi solo su e giù, con la mira orizzontale fornita indirettamente dalla rotazione dell'intero veicolo effettuata in manovra. Le specifiche includevano: un peso massimo di tredici tonnellate; uno spessore massimo (iniziale) dell'armatura di 25 millimetri; uno scafo il più basso possibile per consentire al cannone di sparare attraverso le feritoie di visione dei bunker; una piccola torretta con mitragliatrice per respingere gli attacchi della fanteria nemica, servendo contemporaneamente da posto di osservazione per il comandante e un equipaggio, che doveva essere composto al massimo da tre uomini. Era previsto che dovevano essere costruite due versioni, una come carro armato di supporto ravvicinato armato per

▲ La sagoma del modello ligneo di uno dei carri prototipi del nuovo carro B1 approntata dalla produzione nazionale. Foto degli anni '20, pubblico dominio.

la fanteria con un obice da 75 mm, l'altra come veicolo anticarro con un cannone da 47 mm al suo posto. Diverse industrie nazionali presentarono i loro prototipi, tra cui la Renault in collaborazione con la Schneider, la FAMH e la FCM. I vari prototipi si differenziavano per dimensioni e forma, ma tutti avevano un equipaggio di 3 membri. Durante i test nel 1924, emersero però numerosi gravi problemi e punti critici. Dopo ulteriori sviluppi e test, nel 1926 fu deciso quindi di basare la produzione su un modello sviluppato dalla Renault. Nel 1929, furono consegnati i primi prototipi completi, seguiti da altri due prototipi nel 1930. Questi prototipi furono testati sia dal punto di vista tecnologico che tattico.

Durante gli anni '30, furono apportate modifiche significative ai prototipi per soddisfare le esigenze militari in evoluzione. Nel 1934, fu ordinata la produzione di sette Char B1, che furono costruiti tra il dicembre 1935 e il luglio 193 dando finalmente il via al progetto.

■ CARATTERISTICHE TECNICHE

Lo Char B1, noto per la sua complessità tecnologica verificata fin dalla fase di progettazione, incorporava molte innovazioni per l'epoca. Questa stessa complessità andava a sommare altri svantaggi, soprattutto in termini di costi di produzione e di manutenzione. L'equipaggio del carro era composto ora da quattro membri, ognuno con mansioni specifiche: il capocarro, situato nella torretta, comandava il veicolo e dirigeva il mezzo operando le armi principali; il pilota, nella parte anteriore sinistra dello scafo, gestiva la guida e il puntamento dell'obice in casamatta; il servente si occupava della ricarica dell'obice e della fornitura di munizioni; l'operatore radio gestiva le comunicazioni.

▲ Visione frontale del prototipo SRA. Si nota l'obice installato in casamatta, e le due mitragliatrici in torretta, oltre al tipo di cingoli adottato dai francesi. Rilasciata in PD foto del 1927.

▲ Interessante immagine della camera di combattimento, in cui si vede distintamente il posto di manovra del pilota e il sistema d'arma del cannone in casamatta.

▼ Il sofisticato complesso di trasmissione di tipo Naeder, costoso e delicato allo stesso tempo, che doveva garantire una buona mobilità del mezzo anche per permettere al cannone di avere maggiore campo di azione.

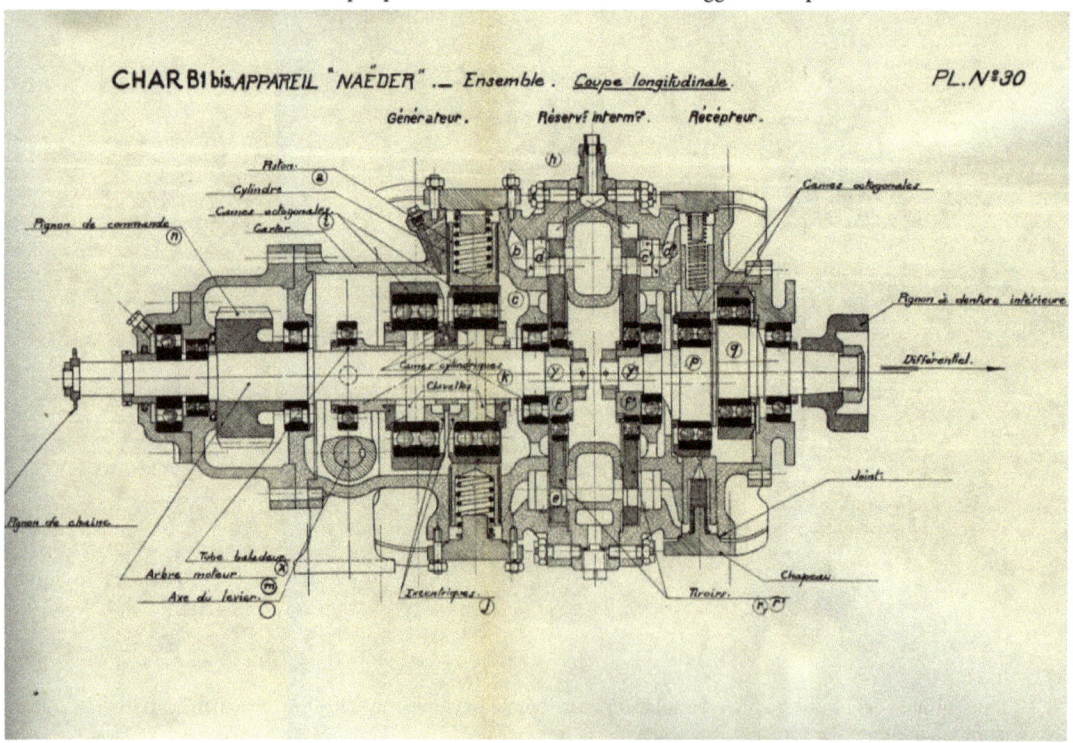

Le sospensioni dello Char B1 erano particolarmente complesse, con 16 ruote d'appoggio per lato e una combinazione di carrelli centrali e ruote indipendenti. Sistema moderno che tuttavia, a causa di questa enorme complessità richiedeva una notevole manutenzione e lubrificazione. Il carro pesava circa 28 tonnellate e la corazzatura massima era cresciuta di 15 mm ed ora era di 40 mm.

I cingoli ad avvolgimento conferivano al carro un aspetto più simile ai veicoli corazzati della Grande Guerra suoi predecessori. Sebbene esponessero il veicolo ai colpi sulle fiancate, garantivano una buona aderenza su terreni vari e facilitavano l'accesso e la fuga dal veicolo attraverso gli ingressi laterali direttamente montati sullo scafo. Le sospensioni erano protette dalla corazzatura delle fiancate. Per l'entrata e l'uscita dell'equipaggio, erano disponibili un portello sul retro della torretta, una botola di emergenza nella parte posteriore del veicolo, dietro i tubi di scarico, e una botola sul fondo dello scafo.

Il veicolo era alimentato da un motore Renault, sviluppato in campo aeronautico a sei cilindri, con una potenza di 250 cavalli, che permetteva al carro di raggiungere una velocità massima di 28 km/h in condizioni ottimali. L'avviamento del motore poteva essere effettuato tramite un motore elettrico o mediante un insolito sistema ad aria compressa. Il motore, insieme alla trasmissione, era posizionato nel vano motore posteriore, separato dal compartimento dell'equipaggio da un pannello ignifugo. La trasmissione includeva un differenziale di tipo Naeder, che, sebbene complesso e costoso, era essenziale per garantire una rotazione precisa del veicolo, consentendo il puntamento dell'obice. Nel vano motore posteriore, a sinistra, erano collocati due serbatoi e il radiatore, mentre a destra vi era un altro serbatoio e un corridoio stretto che consentiva all'equipaggio di accedere parzialmente al motore rimanendo all'interno del carro. I serbatoi erano di tipo autosigillante. Il raffreddamento del motore avveniva attraverso delle ventole superiori che aspiravano aria nel vano motore e la convogliavano attraverso il radiatore, dove veniva espulsa tramite una griglia sul lato sinistro del carro.

▲ Bella vista della catena di montaggio dello Char B1 Bis in una fabbrica Renault. In realtà si tratta di un noto fotomontaggio richiesto dall'ufficio di propaganda delle forze armate francesi, dato che in realtà in ogni fabbrica esisteva una sola catena di assemblaggio per i B1.

▲ Immagine del prototipo 101 qui con la torretta dotata di mitragliatrici binate, e un impianto radio esterno che aveva un'efficacia solo entro i 50 metri di distanza.

La torretta adottata, denominata APX-1, era di dimensioni ridotte e progettata per un solo occupante, già impiegata sullo Char D2. Questo è oggi considerato uno dei principali punti critici dello Char B1. Il carrista responsabile della torretta, generalmente il capocarro, doveva gestire diverse mansioni contemporaneamente, compreso il controllo del veicolo, il puntamento e il ricaricamento dell'arma. Questo era in netto contrasto con la prassi adottata dalla maggior parte delle altre nazioni, come Germania, Regno Unito e Unione Sovietica, che utilizzavano torrette abitate da 2 o 3 membri dell'equipaggio, consentendo una suddivisione dei compiti più efficiente.

Lo Char B1 era equipaggiato con un obice, un cannone anticarro e due mitragliatrici. La principale era l'obice 75 mm SA 35, montato in casamatta nella parte anteriore destra del veicolo, all'interno di un mantelletto appositamente saldato allo scafo. Questo cannone, con una lunghezza di 17,1 calibri, una velocità alla volata di 260 m/s e un'ampiezza di elevazione di +25°/-15°, aveva la capacità di neutralizzare qualsiasi carro tedesco del periodo 1939-40. Tuttavia, essendo montato in casamatta anziché in torretta, non poteva brandeggiare lateralmente, limitando la sua versatilità e rendendo difficile il suo utilizzo durante il movimento del veicolo. L'obice era dotato di un sistema scacciafumo, un compressore Luchard che espelleva il fumo dalla canna dopo ogni colpo, una caratteristica comune nei cannoni navali ma insolita per i carri armati dell'epoca.

Come arma secondaria, il carro montava un cannone anticarro da 47 mm SA 34 in torretta, anche se il suo potenziale non poteva essere completamente espresso poiché era manovrato solo dal capocarro. Per la difesa ravvicinata, erano presenti due mitragliatrici 7,5 mm MAC 1931, una montata sullo scafo e l'altra sulla torretta. Le munizioni erano stoccate in rastrelliere lungo i lati o sotto il pavimento del compartimento dell'equipaggio, e alcune erano posizionate nel vano motore.

■ CHAR B1 BIS

Il B1 bis subì diverse modifiche significative rispetto al suo predecessore. Il cannone montato in torretta fu sostituito con il 47 mm SA 35, caratterizzato da una lunghezza di 34 calibri e una velocità alla volata di 780 m/s, offrendo prestazioni superiori al modello precedente. La corazzatura fu potenziata fino a raggiungere spessori di 60 mm sul frontale e 55 mm sui lati, rendendo il veicolo virtualmente immune alle principali armi anticarro tedesche dell'epoca.

La nuova torretta APX-4, simile alla precedente ma più spessa, consentiva una rotazione elettrica, ma era anche dotata di un sistema manuale per l'aggiustamento della mira. Disponeva di fessure per la visione esterna e una cupola rotante sopra di essa, fornendo al capocarro strumenti d'osservazione migliorati.

Il B1 bis raggiungeva una velocità massima di 28 km/h grazie a un nuovo motore da 307 hp a 6 cilindri, di origine aeronautica e raffreddato ad acqua. Per garantire un adeguato raffreddamento, la presa d'aria sul lato sinistro del veicolo fu ingrandita.

Con un peso totale di 32 tonnellate, il B1 bis aveva un raggio operativo leggermente inferiore rispetto al modello precedente, ma manteneva un'autonomia di circa 180 km. Tuttavia, a causa dell'aumento di peso e potenza del motore, il consumo di carburante aumentò significativamente, portando a una rapida esaurimento del serbatoio.

Per ovviare a questo problema, inizialmente furono aggiunti serbatoi esterni da 800 litri, ma questa soluzione fu presto abbandonata a favore di carri supporto appositamente progettati per il trasporto di munizioni e carburante.

All'inizio del 1940, la radio fu aggiornata al modello ER51, che consentiva anche la comunicazione vocale oltre al codice Morse. I carri di comando furono equipaggiati con il modello ER55, permettendo la comunicazione con le gerarchie superiori di comando.

Funzione tattica

L'aspetto esterno del carro B1 rifletteva il fatto che lo sviluppo era iniziato negli anni '20: come il primo carro armato, il britannico Mark I della Prima guerra mondiale, aveva ancora grandi cingoli che circondavano l'intero scafo e grandi piastre corazzate che proteggevano la sospensione, e come tutti i carri armati di quel decennio non aveva corazza saldata o fusa. La somiglianza derivava in parte dal fatto che lo Char B1 era un'arma offensiva specializzata, un carro da sfondamento ottimizzato per aprire un varco in fortificazioni difensive robuste; quindi, era progettato con buone capacità di attraversamento delle trincee. L'esercito francese pensava che sradicare il nemico da un settore chiave del fronte avrebbe deciso una campagna, e si vantava di essere l'unico esercito al mondo ad avere un numero sufficiente di carri pesanti adeguatamente protetti. La fase di sfruttamento di una battaglia era considerata secondaria e meglio portata avanti con movimenti controllati e metodici per garantire la superiorità numerica; quindi, anche per i carri pesanti la mobilità era di importanza secondaria. Sebbene il B1 avesse una velocità ragionevolmente buona per l'epoca della sua concezione, non furono compiuti seri sforzi per migliorarla quando apparvero carri molto più veloci. Più importanti delle limitazioni del carro nella mobilità tattica, tuttavia, erano le sue limitazioni nella mobilità strategica. La bassa autonomia pratica implicava la necessità di rifornimenti molto frequenti, limitando le sue capacità operative. Ciò implicava nuovamente che le divisioni corazzate della fanteria, le Divisioni Cuirassées, non fossero molto efficaci come riserva mobile e quindi mancassero di flessibilità strategica. Non erano state create per svolgere tale ruolo, il che si rifletteva nelle dimensioni ridotte dei componenti di artiglieria e fanteria delle divisioni.

La torretta monoposto

La torretta monoposto dello Char B1 rispondeva alla sua originaria specifica di creare un veicolo corazzato in grado di abbattere la fanteria e l'artiglieria nemiche. Il cuore dell'armamento del carro era costituito dal suo obice da 75 mm, e il design complessivo del veicolo era orientato a massimizzare l'efficacia di questa arma. Quando, all'inizio degli anni '30, divenne evidente che il B1 doveva anche affrontare i contrattacchi dei carri armati nemici, era ormai troppo tardi per un radicale ridisegno. L'opzione scelta fu di adottare, appunto, la torretta standard APX-1, già in uso sullo Char D2. Come molti altri carri armati francesi dell'epoca (a eccezione dell'AMC-34 e dell'AMC 35), il B1 presentava quindi una torretta monoposto. Questo aspetto è oggi considerato uno dei suoi principali difetti. Il comandante, unico occupante della torretta, non solo doveva gestire l'equipaggio, ma anche puntare e caricare il cannone da 47 mm. Inoltre, se ricopriva il ruolo di capo unità, doveva coordinare anche gli altri carri. Di conseguenza, il comandante nella sua torretta doveva svolgere compiti che in altri carri sarebbero stati distribuiti tra tre membri dell'equipaggio.

Se queste limitazioni abbiano reso lo Char B1 meno efficace nel combattimento reale o meno è ancora oggi argomento di discussione. Nel 1940, la maggior parte delle perdite subite dallo Char B1 in combattimento furono causate dall'artiglieria e dai cannoni anticarro tedeschi. Tuttavia, negli scontri diretti con i carri armati tedeschi, il B1 di solito usciva vincitore, talvolta in modo spettacolare, come nel caso del carro soprannominato "Eure", che il 16 maggio distrusse tredici Panzer III e IV in pochi minuti. Nonostante fosse stato colpito 140 volte, il carro sopravvisse al combattimento. Anche Heinz Guderian, nel suo libro "Erinnerungen eines Soldaten", descrive un episodio in cui i proiettili sparati contro un Char B1 rimbalzarono inoffensivamente contro la sua spessa corazza.

Un altro esempio è la battaglia di Arras del 21 maggio 1940, dove i modelli Char-B1 e altri carri armati pesantemente corazzati di britannici e francesi riuscirono quasi a fermare i carri armati di Erwin Rommel. L'uso di cannoni antiaerei da 8,8 cm da parte tedesca evitò la sconfitta.

Tuttavia, i francesi preferivano le torrette monoposto nonostante i loro svantaggi, poiché permettevano di produrre veicoli più piccoli e più economici. Anche se la spesa per i carri armati in Francia era relativamente più alta che in Germania, la Francia non disponeva della capacità produttiva necessaria per costruire un numero sufficiente di carri ancora più pesanti. Di conseguenza, lo Char B1, pur essendo già piuttosto costoso e rappresentando la metà del budget per i carri armati di fanteria, rimase una delle poche opzioni disponibili per l'armata francese.

▲ Carro B1 Bis conservato al museo dei blindati a Saumur in Francia. Modello ancora funzionante.

CHAR B1 PROTOTIPO, FRANCIA 1929

▲ Char B1 prototipo. I primi modelli utilizzarono diverse torrette sperimentali, Francia 1929.

CHAR B1 SPERIMENTALE 'MARSIGLIA', FRANCIA 1938

▲ Char B1 sperimentale, denominato Marsiglia. In seguito tutta la produzione prenderà nomi di città, regioni o luoghi geografici francesi, Francia 1938.

LE VERSIONI DEI MEZZI

La produzione totale ammontava a circa 405 veicoli, ma solo una parte (182 unità) è stata prodotta dalla Renault, motivo per il quale non è stato chiamato Renault Char B1 (anche se questa denominazione è occasionalmente usata nella letteratura). Le altre industrie coinvolte nella produzione erano:

- AMX: 47 unità
- FCM: 72 unità
- FAMH: 70 unità
- Schneider: 32 unità

Il B1 era notoriamente costoso da produrre, con un costo per unità di circa 1,5 milioni di franchi francesi.

■ B1 (1935)

La prima versione prodotta aveva una corazza di 40 mm, una torretta APX-1 con cannone SA34 da 47 mm, e un motore Renault da 250 CV. Furono realizzati 35 esemplari con numeri di serie compresi tra 101 e 135.

■ B1 BIS (1937)

Introdotto nel 1937, la seconda versione di produzione presentava un aumento dello spessore della corazza a 60 mm sul frontale e a 55 mm sui fianchi, una torretta APX-4 con cannone SA35 da 47 mm, e un motore Renault da 300 CV. Questa fu la versione maggiormente prodotta: tra l'8 aprile 1937 e giugno 1940 furono realizzati 369 esemplari con numeri di serie compresi tra 201 e 856, a seconda dei diversi costruttori.

▲ Char B1 bis "CHARENTE" del 41° bataillon de chars de combat BCC, abbandonato sul campo il 18 maggio del 1940 in località d'Olizy-sur-Chiers, dopo un aspro contrattacco all'Ouvrage de La Ferté.

■ B1 TER (1935)

Nel 1935, contemporaneamente allo sviluppo del B1 bis, fu avviato il progetto di una terza versione, il B1 ter. Questa nuova iterazione presentava uno scafo completamente rivisitato, incluso un compartimento per un meccanico come quinto membro dell'equipaggio. La corazza del nuovo modello venne rinforzata fino a 75 mm, portando il peso complessivo a 36,6 tonnellate. Inoltre, fu installato un motore più potente da 350 CV. Per contenere i costi di produzione, venne eliminato il complesso sistema di trasmissione Neader. L'armamento rimase identico, ma con l'aggiunta della capacità per l'obice di orientarsi lateralmente fino a ±5°, migliorando così la versatilità dell'arma. Solo cinque prototipi furono costruiti, poiché la produzione si concentrò sul modello B1 bis. Lo sviluppo di questa versione fu interrotto a seguito della resa della Francia nel giugno 1940.

■ ARL-44

Già nel 1938, la ARL aveva avviato lo studio per l'installazione di una torretta convenzionale, capace di ospitare un cannone da 75 mm, sul B1. Durante l'occupazione tedesca, tali progetti furono mantenuti segreti e successivamente, subito dopo la fine delle ostilità in Francia nel 1944, furono ripresi. Il risultato di questi sforzi fu il carro ARL-44.

■ B2 E B3

Sono stati progetti di carri armati corazzati con corazza da 50 mm, ma sono stati abbandonati a causa di un peso che si avvicinava alle 45 tonnellate.

■ B40

Era un progetto per migliorare il B1 ter, con corazze frontali e laterali aumentate a 80 mm e un cannone da 105 mm al posto del 75 mm. Era anche previsto con un cannone da 75 mm in torretta.

▲ A seguito della cattura di molti carri francesi da parte dei tedeschi, questi ultimi riadattarono alle loro esigenze molti di questi veicoli, creando anche nuove versioni.

CHAR B1 NR. 111 'DUNKERQUE', FRANCIA 1939

■ B1 BIS FFI

Sono stati realizzati 15 carri armati utilizzando 42 scafi abbandonati dai tedeschi e riparati nelle fabbriche Renault a partire dal 1944.

■ PZKPFW B1 (F) FAHRSCHULEWAGEN

Versione modificata dall'esercito tedesco per addestramento. La torretta fu rimossa insieme all'obice.

■ 10,5 CM LE FH 18 AUF GW B2 (F)

Versione modificata dall'esercito tedesco, trasformata in semovente d'artiglieria. Prodotto in 16 esemplari, il "10.5-cm leichte Feldhaubitze 18/3 (Sf.) auf Geschützwagen B2 (f) 740 (f)" era una variante semovente del carro B1. Nel marzo 1941, Hitler ordinò lo sviluppo di cannoni semoventi in supporto ai carri lanciafiamme Flammpanzer B2 (f). Il 28 maggio 1941, il Waffenprüfamt Nr 6 ordinò un prototipo a Rheinmetall-Borsig, assemblato nel giugno 1941. I carri lanciafiamme dovettero quindi fare a meno del loro supporto, poiché la Panzer-Abteilung 103 venne sciolta poco dopo. I sedici veicoli vennero prodotti tra gennaio e marzo 1942 e consegnati alla 26ª Panzerdivision, I. Abteilung de l'Artillerie-Regiment 93. Nel maggio 1943, i quattordici veicoli rimanenti, sostituiti dai Wespe, vennero assegnati alla 90ª Divisione Panzergrenadier in Sardegna.

■ FLAMMPANZER B2 (F)

Il "Flammpanzer B2 (f)" era una conversione del B1 bis in un carro lanciafiamme. Vennero impiegati sul fronte russo durante l'operazione Barbarossa all'interno della "Panzer-Abteilung (Flamm.) 102".

■ SEMOVENTE B1 BIS (O SEMOVENTE DA 75/17)

Versione senza torretta testata dal Regio Esercito italiano dal 1940 al 1943.

▲ Beaute panzer tedesco in versione lanciafiamme del Char B1 Bis.

CHAR B1 NR. 107 'REIMS', FRANCIA 1939

▲ Char B1 'Reims' nr. 107 appartenente alla 37eme BCC. Francia 1939.

▲ Bella immagine vista dall'alto di un carro beaute-panzer utilizzato dai tedeschi.

CHAR B1 BIS NR. 251 'FANTASTIQUE', FRANCIA 1939

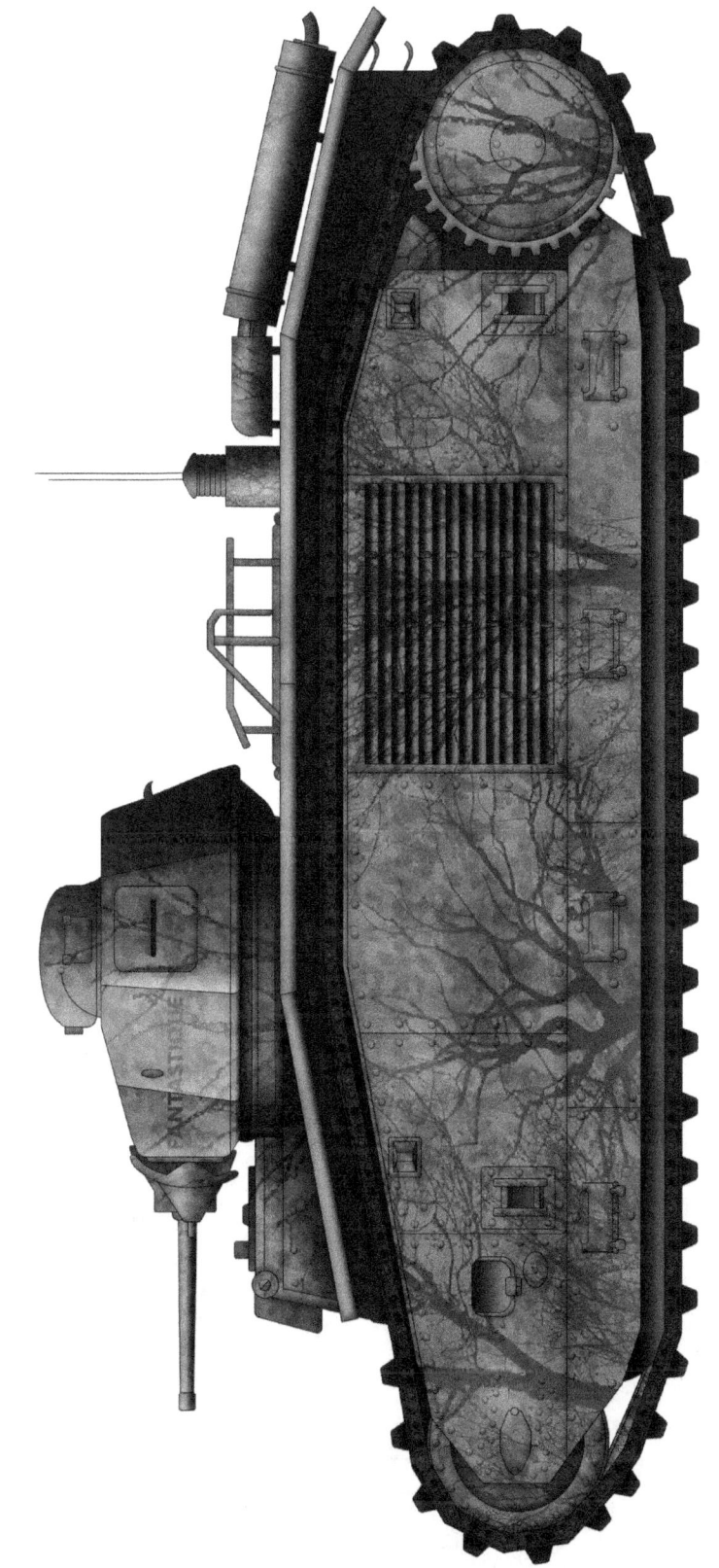

▲ Char B1 Bis 'Fantastique' nr. 251 appartenente alla 8° BCC. Caratterizzata da una mimetica davvero singolare a richiamo di una foresta, Francia 1939.

▲ Un char B1 bis ad Aubigny-sur-Nère, nella campagna francese nel maggio-giugno 1940.
▼ Char B1 Bis 'Tunisia' 15ª BCC 3ª compagnia col suo equipaggio fiducioso ancora nella vittoria.

IMPIEGO OPERATIVO

Lo Char B1 prese parte unicamente alla battaglia di Francia nel maggio-giugno 1940; nonostante fosse un mezzo valido, non fu di grande aiuto all'esercito alleato poiché, benché fosse superiore ai primi Panzer tedeschi, era facilmente superato a causa della scarsa mobilità e della limitata versatilità delle sue armi, così come delle sue tattiche d'impiego. Inoltre, il B1, insieme agli altri carri francesi, non era impiegato in divisioni corazzate autonome, ma in battaglioni sparsi su tutto il fronte, a disposizione delle divisioni di fanteria. Solo tardivamente si decise di raggrupparli in divisioni autonome, come avevano già fatto i tedeschi con successo.

Nonostante ciò, nei pochi scontri documentati, il carro riuscì a resistere discretamente al confronto con i carri tedeschi, terminando la sua carriera in modo "onorevole", come nell'episodio di Stonne ricordato nel capitolo precedente. I cannoni da 37 mm e 20 mm usati dai tedeschi erano inefficaci nel penetrare la spessa corazza di questo carro alle normali distanze di ingaggio, e anche i 75 mm corti dei Panzer IV (non ancora muniti di proiettili a carica cava) non riuscivano a distruggerlo con un solo colpo. "Eure" riuscì a fare ritorno alle proprie linee nonostante fosse stato colpito numerose volte.

■ IN FRANCIA

Lo Char B1 prestò servizio nelle divisioni corazzate, le DCR (Divisioni Corazzate di Riserva), unità altamente specializzate per l'offensiva e lo sfondamento delle linee fortificate nemiche. La fase mobile di una battaglia era affidata alle Divisions Légères Mécaniques (divisioni leggere meccanizzate) della cavalleria, equipaggiate con il SOMUA S35. La Prima e la Seconda DCR avevano ciascuna 69 Char B1, mentre la Terza ne aveva 68. Il 37° Bataillon de Chars de Combat, in servizio con la 1ª DCR, era inizialmente equipaggiato con il B1 originale; questi veicoli furono riequipaggiati con il cannone SA 35 più lungo nella

▲ Char B1 bis, denominato 'VAR', appartenente al 37° BCC abbandonato in panne nel villaggio belga di Ermeton il 4 maggio 1940 alla vigilia della battaglia, viene catturato dai soldati tedeschi.

primavera del 1940 e la torretta rinominata APX1A. Il battaglione fu poi ri-equipaggiato con il carro B1 bis e alla fine di maggio rinforzato da cinque dei carri originali. Dopo l'invasione tedesca, furono formate diverse unità ad hoc: il 46° Bataillon de Chars de Combat (4ª DCR) con 52 carri B1 e cinque compagnie autonome (347e, 348e, 349e, 352e e 353e Compagnie Autonome de Chars) con un totale di 56 carri: 12 B1 e 44 B1 bis; il 28BCC fu ricostituito con 34 carri. Le divisioni regolari distrussero parecchi carri armati tedeschi ma mancavano di sufficiente fanteria e artiglieria organiche per funzionare come una riserva mobile efficace.

La battaglia di Stonne

Il 14 maggio, nei pressi di Stonne, nelle Ardenne, si svolsero i combattimenti decisivi tra le forze francesi e tedesche. Questo sito strategico si trovava a sud di Sedan, che era caduta in mano ai tedeschi il giorno precedente. Stonne era di importanza vitale in quanto controllava le strade principali verso Parigi, il centro e il sud della Francia. Le forze francesi, composte da circa 42.500 uomini e 130 carri armati, di cui 70 erano Char B1-bis, si scontrarono con un'imponente forza tedesca di circa 90.000 uomini e 280 carri armati.

La battaglia fu estremamente cruenta, causando ingenti perdite da entrambe le parti. Sebbene i francesi infliggessero pesanti perdite ai tedeschi, non riuscirono a contenere l'avanzata nemica. Le divisioni corazzate tedesche, guidate dal XIX. Armee-Korps (mot.) di Heinz Guderian, riuscirono a stabilire una solida testa di ponte attraverso la Mosa nei pressi di Sedan, estendendola anche a Stonne.

I francesi, pur preparandosi a contrattaccare il 14 maggio per respingere i tedeschi oltre la Mosa, non riuscirono a coordinare efficacemente le loro azioni. Mentre il XXI corpo d'armata avrebbe dovuto condurre il contrattacco, il suo intervento fu ritardato e, alla fine, annullato. Nel frattempo, le truppe tedesche ampliarono la loro testa di ponte, spingendosi verso sud e minacciando il fianco delle forze francesi.

Nonostante una strenua resistenza da parte dei francesi, che riuscirono a tenere testa a dieci divisioni di

▲ Un soldato tedesco esamina la torretta scalzata via dallo scafo durante i combattimenti del maggio-giugno 1940 in Francia e Belgio.

CHAR B1 BIS NR. 221 'LYON', FRANCIA 1940

▲ Char B1 Bis nr. 221 'Lyon' aggregato al 510. RCC prima di essere assegnato alla 2ª Compaglia del 15 BCC., Francia 1940.

▲ Carri B1 Bis schierati in battaglia per arrestare le forze corazzate tedesche.
▼ Soldato tedesco si fa immortalare in una foto appoggiato ad un carro B1 Bis francese appena catturato.

CHAR B1 BIS NR. 217 'CANTAL', FRANCIA 1940

▲ Char B1 Bis 'Cantal' N° 217 del 15° Battaglione carri armati BCC della 2ª Divisione corazzata di riserva. Questo carro armato aveva grandi numeri bianchi ed era riconoscibile anche per il quadrato bianco sulla fiancata del carro. Francia, 1940.

fanteria tedesche, alla fine furono costretti a evacuare le loro posizioni il 25 maggio. La battaglia di Stonne ebbe un impatto significativo sul corso della campagna, segnando un punto di svolta nella lotta per il controllo delle Ardenne.

La battaglia di Flavion

La battaglia di Flavion, avvenuta il 15 maggio 1940 nei pressi di Flavion e Florennes, vicino a Charleroi, vide il confronto tra unità corazzate francesi e tedesche.
Le forze francesi, con il loro Char B1 bis, soprannominato "Var", del 37° BCC, si trovavano a dover risolvere la testa di ponte di Dinant stabilita dai tedeschi da due giorni, o almeno fermarne l'estensione. Tuttavia, la battaglia si concluse con la rapida distruzione delle unità corazzate francesi coinvolte, mettendo in evidenza le loro carenze rispetto ai loro omologhi tedeschi: problemi di rifornimento, mancanza di coordinamento interarmi e debolezze nelle trasmissioni, nonostante le qualità dei mezzi corazzati francesi.
La 1ª divisione corazzata includeva il 28° e il 37° bataillon de chars de combat (BCC), equipaggiati rispettivamente con 35 carri B1-bis. Allo stesso tempo, la XV. Armee-Korps (mot.) tedesca, con la 5. Panzer-Division e la 7. Panzer-Division, avanzava nella regione.
La battaglia iniziò con il Panzer-Regiment 25 della 7. PzD che affrontava il 28° BCC intorno a Flavion, con i carri leggeri tedeschi che non riuscirono a competere con i B1-bis francesi. I francesi, tuttavia, afflitti dalla mancanza di carburante, non riuscirono a impedire l'avanzata tedesca verso Philippeville.
La situazione si aggravò con l'arrivo della 7. PzD, che costrinse il 25° BCC alla ritirata, mettendo in pericolo il 28° BCC. Nonostante i rinforzi francesi inviati dalla 2ª compagnia del 37° BCC, questi furono bloccati e attaccati dai tedeschi.

▲ Questa foto rende bene l'immagine della disfatta delle forze corazzate francesi durante la breve campagna del 1940, il cingolo srotolato davanti al mezzo ne è una metafora evidente...

CHAR B1 BIS NR. 252 'FLAMBERGE', FRANCIA 1940

▲ Char B1 Bis 'Flamberge' N° 252 della prima sezione. 2ª compagnia del 15 battaglione carri BCC della seconda DCr. Francia 1940.

▲▼ Char B1 bis "BEARN" appartenente alla 1ª DCR messo fuori uso dal suo stesso equipaggio per evitare di lasciarlo riutilizzare al nemico che arriva poco dopo. Beaumont, Francia, maggio 1940.

CHAR B1 BIS NR. 205 'INDOCHINE', FRANCIA 1940

▲ Char B1 Bis 'Indochine' N° 205 della 3ª compagnia, 15 BCC, 2ª demi-brigade di carri pesanti secteur de Catelet, Francia maggio 1940.

Pressati dal generale Hoth per continuare l'avanzata verso ovest, i tedeschi inflissero pesanti perdite ai francesi, costringendoli infine a ritirarsi. La 1ª DCr subì gravi perdite, con il 28° BCC che perse la maggior parte dei suoi carri. Anche se i tedeschi subirono perdite significative, la vittoria a Flavion aprì loro la strada verso la frontiera francese.

■ IN GERMANIA

Un certo numero di Char B1 (161) furono catturati dai tedeschi durante la caduta della Francia. Questi furono successivamente messi in servizio come veicoli di seconda linea e addestramento con il nome di Panzerkampfwagen B-2 740 (f), e spesso venivano utilizzati come veicoli di rifornimento (Munitionspanzer) senza torretta. Sessanta furono trasformati in piattaforme per lanciafiamme come Flammwagen auf Panzerkampfwagen B-2 (f). Sedici furono convertiti in artiglieria semovente da 105 mm, armati con l'obice leggero 10.5 cm leFH 18. Anche le versioni normali dei carri subirono alcune modifiche, poiché le loro radio wireless furono sostituite con il modello tedesco. Ad alcuni venne aggiunto anche un portello di accesso alla sommità della torretta e un blocco di cemento sul lato destro dello scafo anteriore per evitare il rimbalzo dei proiettili. Altre differenze rispetto alla versione dell'esercito francese includevano un cric e un braccio di sollevamento trasportati all'esterno del carro, con attrezzature tedesche aggiuntive montate sui parafanghi. Un'unità, la Panzer-Abteilung 213, fu equipaggiata con il carro B1 bis venne impiegata nelle isole del Canale dal 1941 al 1945. Uno dei loro carri è ora esposto presso il Bovington Tank Museum, anche se ridipinto nei colori francesi. In servizio tedesco, il carro vide azione nella campagna dei Balcani e sul Fronte Orientale, inizialmente durante l'Operazione Barbarossa, la versione con lanciafiamme a partire dal 1942. Alcune torrette dei Char B furono rimosse e installate su bunker tedeschi che difendevano le spiagge della Normandia al momento dello sbarco (6 giugno 1944). La Panzer-Kompanie 224, un'unità di addestramento, fu equipaggiata con diversi B-2 equipaggiati con lanciafiamme; erano di stanza ad Arnhem durante l'Operazione Market Garden, perdendo sei carri armati a causa dell'armamento anticarro quando furono inviati ad attaccare il perimetro di Oosterbeek il 20-21 settembre 1944.

▲ Il generale tedesco Walther von Reichenau ispeziona la carcassa di un Char B1 bis (Nr 236, Le Glorieux), maggio 1940, fronte franco-belga.

▲ Somua S-35 Italiano. Notare la presenza degli utensili italiani sul cofano del carro.

▲ Una colonna di carri B1 della 347ª CACC guidati dal nr. 111 "Belfort", curiosamente senza il cannone da 75 mm.

▼ Sfilata di carri B1 appartenenti alla 511ª RCC in parata sui boulevard di Parigi durante la festa nazionale del 14 luglio 1937. Guida la colonna il carro DUNKERQUE.

CHAR B1 BIS NR. 492 "JEAN BART", FRANCIA 1940

▲ Char B1 Bis 'Jean Bart' nr. 492, del 28° BCC, della prima DcR, dotato di una caratteristica mimetizzazione grigio scuro che lo confondeva con i mezzi tedeschi. Francia 1940.

IN ITALIA

L'Italia, indipendentemente dalla Germania, catturò otto carri B1 bis quando, nell'ottobre 1940, un lavoratore italiano rivelò alla Commissione di Armistizio che erano stati nascosti in una grotta vicino a Les Baux-de-Provence nel luglio 1940. Questi veicoli, sei dei quali privi di torretta, furono testati, ma probabilmente non furono utilizzati operativamente dall'Italia.

Lo storico italiano dell'armamento Nicola Pignato, al contrario, affermò nel 1989 che circa venti B1 bis, in varie fasi di preparazione e costruzione, insieme a un singolo prototipo di B1 ter da 36 tonnellate, furono direttamente recuperati dalla fabbrica FCM, di cui un numero sconosciuto era destinato all'Italia. Sei veicoli in servizio italiano erano noti come Semovente B1-bis, e privi di torretta, ma furono utilizzati in prove fino al 1943, dopo di che furono impiegati come bersagli per esercitazioni e trasportatori di munizioni.

DOPOGUERRA

Dopo che gli Alleati invasero la Francia nel 1944, alcuni B1 furono ricatturati. Diversi di essi furono utilizzati su base individuale e incidentale dalle forze della resistenza, come quelle che combattevano la guarnigione tedesca di Parigi nell'agosto 1944. Il 7 ottobre 1944, il Governo Provvisorio della Repubblica Francese formò il 13º Reggimento Dragoni delle Forze Francesi Libere. La maggior parte del reggimento era equipaggiata con carri SOMUA S35, ma la 2ª Compagnia del Capitano Edmond Voillaume era equipaggiata con 19 carri B1 bis, che includevano un misto di veicoli standard e modificati dai tedeschi. Erano di stanza a Orléans fino al 2 aprile 1945, quando furono mobilitati per l'assedio alleato di La Rochelle. I carri furono efficaci nell'attacco a Royan il 15 aprile 1945, utilizzando i loro cannoni da 75 mm per il supporto al fuoco. Dopodiché, la 2ª Compagnia accompagnò le truppe in un assalto a Pontaillac il 17 aprile, seguito da un attacco al forte tedesco a La Rochelle tra il 29 aprile e l'8 maggio. Voillaume fu insignito della Croce al Merito per le sue azioni. Dopo la guerra, il 13º Reggimento Dragoni fu di stanza nella zona di occupazione francese della Germania occupata dagli Alleati come parte della 3ª Divisione Corazzata Francese. Fu infine sciolto nella città tedesca di Wittlich nell'aprile 1946.

▲ Soldati tedeschi in posa davanti al carro "Dauphiné" nr. 124 della 511ª RCC 4ª compagnia abbandonato, i soldati scherzano con granate da 75 mm prese dalle rastrelliere del carro armato.

ESEMPLARI SOPRAVVISSUTI

Solo undici veicoli sono rimasti fino ad oggi: uno Char B1 e 10 Char B1 bis.

L'ultimo B1 rimanente è esposto presso l'Association pour la Sauvegarde du Patrimoine Historique et Militaire (ASPHM), vicino a Strasburgo, in Francia. In precedenza era esposto al Fort de Seclin vicino a Lilla, ma si trova in pessime condizioni, con molte parti mancanti.

Dieci Char B1 bis possono essere ammirati in vari luoghi, tra Gran Bretagna e Francia:

- Un veicolo presso il Bovington Tank Museum, in Inghilterra. Questo esemplare fu catturato dai tedeschi e modificato.
- Tre esemplari al Musée des Blindés a Saumur, in Francia. Uno di questi è ancora funzionante, un altro è in esposizione permanente nel museo, mentre il terzo, modificato per lo sminamento, è in magazzino.
- Un veicolo è esposto come monumento a Stonne, in Francia.
- Tre sono di proprietà della ASPHM. Due di questi sono in pessime condizioni.
- Due sono esposti a Mourmelon-le-Grand, in Francia. Uno di questi veicoli era precedentemente esposto a Gien

▲ La carcassa dell'unico B1 ancora esistente, esposto (in condizioni non troppo buone) al Forte di Seclin, Francia.

▲ Una vista del B1 Bis, il nr. 396 "Hermitage". Le feritoie del mezzo sono assai diverse tra l'APX 1 e l'APX 4 e, come in questo caso dove si ha una buona visione laterale della torretta, possono distinguere un B1 da un B1 Bis.

▼ L'ennesima immagine di Char B distrutto nel tentativo disperato di frenare l'avanzata dei carri tedeschi. Colpito proprio in mezzo ad una via di una cittadina francese.

CHAR B1 BIS NR. 265 'MISTRAL', FRANCIA 1940

▲ Char B1 B:s 'Mistral' nr. 265, della 3ª compagnia, del 15° BCC, 2ª demi-brigade di carri pesanti della 2 DCR, settore di Catelet, Francia, maggio 1940.

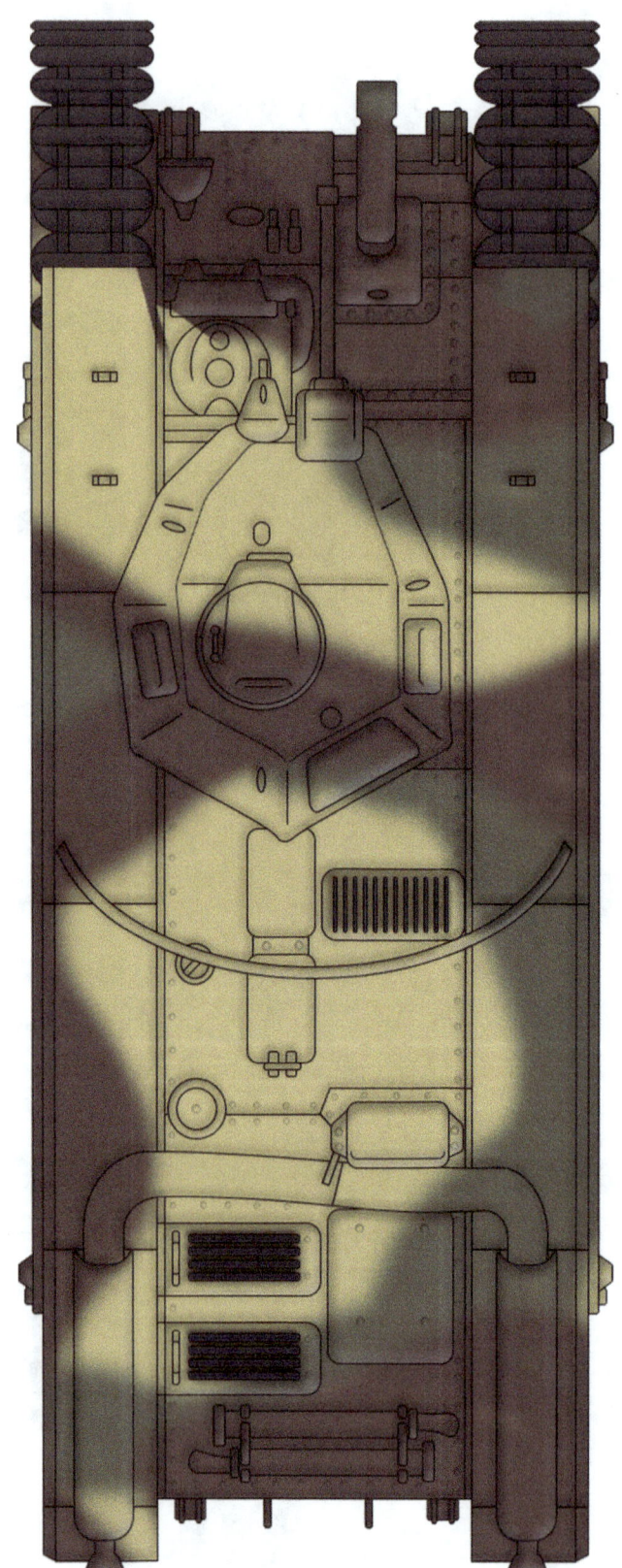

▲ Vista del carro francese B1 Bis dall'alto.

MIMETICHE E SEGNI DISTINTIVI

Il colore principale dell'anteguerra per i veicoli e i corazzati dell'armata francese era un verde oliva opaco piuttosto scuro (verde oliva opaco). Le denominazioni ufficiali erano: *vert olive réglementaire* (verde oliva regolamentare), *vert olive armée* (verde oliva dell'esercito) e *vert armée* (verde dell'esercito) sebbene gli AFV fossero mimetizzati.

Allo scoppio della guerra, tuttavia, i colori mimetici o camuffati furono estesi a tutti i veicoli. Nonostante ciò già al tempo convivevano in simbiosi due opzioni: modelli di mimetizzazione effettivi specifici del produttore (Somia, Renault Ecc.) o modelli lasciati all'immaginazione e alla fantasia creativa dell'unità presso la quale questi mezzi si trovavano.

La stessa cosa valeva anche per gli eventuali veicoli civili requisiti per uso militare. I colori mimetici in tempo di guerra si basavano su una tavolozza assai variopinta, ed erano:

- *Vert olive mat* (in una tonalità più chiara rispetto alla versione prebellica);
- *Brun* (marrone, a volte in una tonalità molto rossastra);
- *Ocre jaune* (marrone molto chiaro, che va dal sabbia al marrone senape);
- *Vert* (un colore piuttosto verde chiaro).

Le tonalità realmente adottate, tuttavia, differivano non poco, tutto dipendeva dalle scorte di magazzino, dalle forniture dei pigmenti, ecc. Inoltre non fu mai diramato o ancora portato alla luce alcun documento ufficiale che descriva in dettaglio i colori regolamentari.

Ci sono inoltre pochissime immagini a colori di veicoli francesi in tempo di guerra e quelle esistenti sono di qualità piuttosto scarsa e, quindi, non troppo attendibili. In una di queste foto, pubblicata su una rivista di propaganda bellica tedesca, si vedono dei carri Renault AMR 1935 nelle vicinanze di Dunkerque. Sebbene la foto abbia marcate sfumature rossastre che distorcono i colori, è comunque una buona illustrazione del motivo utilizzato nelle mimetiche dagli AMR.

Di seguito mostriamo una tabella della gran parte dei colori utilizzati per i mezzi francesi, sia i colori di fondo, che quelli interni e sopratutto quelli utilizzati nella mimetica. Come da tradizione forniamo i codici in RAL; potrete facilmente trovare online le similitudini con i vari colori utilizzati nel modellismo con tinte tipo Tamya, Mo-Lak, Lifecolor ecc. e ancora negli equivalenti RGB, CYMK, Pantone ecc.

Fra i più utilizzati vi sono anche i colori/smalti della Humbrol spesso scelti per abbinare i colori mimetici francesi che si trovano in varie riviste di modellismo. Sperimenta e scegli quello che preferisci o con cui sei abituato. Ricordiamo come già detto che a parte i veicoli civili requisiti, quelli forniti alle unità nella tinta base verde oliva, tutti gli altri veicoli erano mimetizzati nelle officine di fabbricazione con la conseguenza che ogni produttore aveva i propri modelli, e le vernici utilizzate potevano essere anche assai diverse.

Tornando agli Humbrol, alcuni suggerimenti per i tre colori più importanti potrebbero essere i seguenti:
Verde: H150 verde bosco opaco, oppure H179 Verde artiglieria, opppure H86 verde oliva+H81 giallo pallido. Marrone: H 177 rossiccio scuro. Ocra: H94 giallo marrone opaco oppure sempre H94 +Bianco.

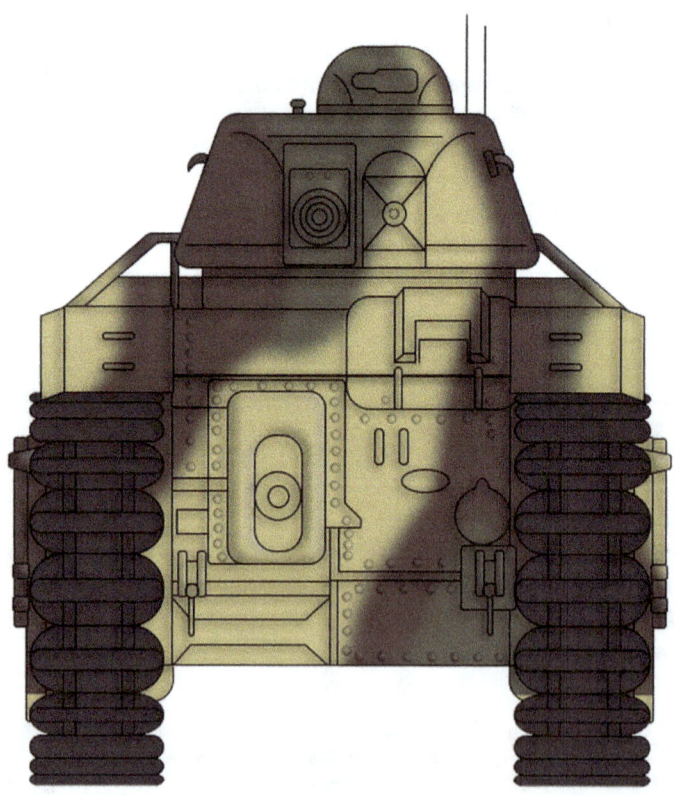

▲ Vista del carro Char B1 fronte e retro.

SEGNI TATTICI DEI VEICOLI

I segni degli assi

A proposito del più noto sistema di marcatura tattica dei carri armati francesi, vale a dire gli assi da gioco delle carte (in uso sin dalla prima guerra mondiale), occorre ricordare che il sistema organizzativo di attribuzione di questi segni cambiò in maniera radicale nel novembre 1939 per tutti i carri armati.
Il nuovo sistema utilizzava gli assi delle carte per identificare i plotoni o le truppe nell'ordine di gioco del bridge (picche, cuori, quadri e fiori) in comune con l'ordine dei colori nazionali (blu, bianco e rosso) per identificare le compagnie o gli squadroni.
Il veicolo del comandante della compagnia o dello squadrone utilizzava un simbolo particolare che riuniva tutti e quattro i semi del gioco, ovviamente sempre nel colore della compagnia o dello squadrone.
Il colore indicava la compagnia nel seguente schema:

- Blu per la prima compagnia;
- Bianco per la seconda compagnia;
- Rosso per la terza compagnia.

I semi a loro volta indicavano il plotone nel seguente schema:

- Picche il primo plotone;
- Cuori il secondo plotone;
- Quadri il terzo plotone;
- Fiori il quarto plotone.

Questi simboli di solito apparivano sui lati della torretta del carro armato e spesso venivano ripetuti sullo scafo posteriore, e a volte sui lati. Contrassegni più piccoli di questo tipo venivano talvolta utilizzati su altri veicoli oltre a carri armati e auto blindate, come le fiancate dei camion, e più raramente su pezzi di artiglieria.
La dimensione e la posizione precisa di questi contrassegni (e la decisione se usarli o meno) erano molto discrezionali e di fatto lasciati decidere al comandante dell'unità. Molti simboli avevano un bordo o una cornicetta bianca a delimitarli. Questa usanza non era universale, sebbene fosse molto comune.
Il sistema degli assi colorati a volte conviveva con il vecchio e tradizionale sistema di designazione aziendale che utilizzava semplici forme geometriche bianche (cerchio, quadrato e triangolo rispettivamente per la 1ª, 2ª e 3ª compagnia). Questa combinazione, che spesso utilizzava forme geometriche cave o con gli assi in posizioni separate, sembra essere stata più comune sul Char B1 bis che sul Somua, ad esempio.

Altri segni tattici

I grandi numeri, generalmente bianchi, che apparivano dipinti sulle torrette dei carri specialmente su quelli abbinati alla cavalleria (come nel caso del Somua S-35) dipendevano da diverse complesse varianti del sistema di numerazione effettivo. I numeri, nel caso dei Somua, erano continui all'interno del battaglione, e appunto nel caso delle DLM essi erano identificati dall'uso dei numeri fino a 49 nel primo battaglione e da 50 a 99 per il secondo. O ancora continui all'interno dello squadrone (es. 1-20 o 1-12) o per plotone (es. 1-5, 10-14, 20-24, ecc.).
Un altro segno comune che si poteva osservare sui carri armati francesi era una singola lettera che identificava il plotone. La lettera vera e propria, la sua dimensione e lo stile erano come sempre lasciati al gusto del comandante di plotone che di solito usava la prima lettera del suo cognome. Questo sistema tuttavia sembra essere stato utilizzato specialmente sui carri armati di fanteria B1 bis che su altri veicoli.
Oltre a segni e marcature varie, i mezzi spesso riportavano anche le insegne del loro reggimento, uno scudo araldico o altri simboli identificativi, piazzati generalmente sui fianchi dei mezzi.
Spesso si potevano individuare queste araldiche anche riportate all'interno del seme della carta che identificava il plotone. Numerosi esempi in tal senso si possono vedere all'interno dei profili presenti in questo stesso libro. Vedi ad esempio il carro a pag. 25 appartenente al 18° Reggimento dragoni della 1ªDLM operante in Belgio nel maggio 1940.
Nei carri recuperati e riutilizzati dalle forze della Francia libera negli anni 1944-45 capita di vedere scritte

a mano con la denominazione dei carri univoca, con nomi di derivazione biblica, letteraria (i 4 moschettieri) o storica.
Anche il segno di riconoscimento della croce di Lorena, generalmente di colore bianco, e di diverse fogge, faceva bella mostra di sé sulle fiancate di questi carri.

Marcature Nazionali

Sebbene relativamente frequente sui veicoli corazzati di cavalleria che operavano molto al fronte delle forze amiche, la pratica di dipingere coccarde nazionali non sembra essere stata oggetto di alcuna regolamentazione. Le posizioni preferite erano le sommità delle torrette (spesso sulla cupola del comandante) che fungevano anche da segno di riconoscimento aereo sulla parte posteriore della torretta o i lati della stessa. Alla coccarda veniva talvolta aggiunto un bordo esterno bianco molto stretto, alla maniera di quella utilizzata dai simboli delle carte, ma nel caso della coccarda nazionale questa pratica non era molto diffusa.
Il numero effettivo, le dimensioni (tra 30 e 50 cm) e la posizione delle coccarde nazionali dipendevano molto dalle dimensioni del veicolo e dalla quantità di esperienza dell'unità con il fuoco amico.
Numerosi furono infatti gli incidenti occorsi fra carri armati amici, proprio per una scarsa chiarezza di questi segni. A tale scopo alcune unità prudentemente scelsero di sfoggiare presto le coccarde di Francia sia sulla parte anteriore che sui lati dello scafo, oltre che sulla parte posteriore e superiore della torretta.

Marcature Straniere

Quando a seguito della disfatta la gran parte dei mezzi corazzati francesi passò nelle mani delle forze tedesche e dei loro alleati, quelli riutilizzati (la gran parte dei Somua se non la totalità) si videro ovviamente riassegnati tutta una serie di riferimenti tattici tipici degli eserciti che ne erano i nuovi fruitori.
Così, i mezzi passati al servizio dei tedeschi ricevettero le colorazioni tipiche della Wehrmacht: feldgrau e mimetiche alemanne, oltre alle numerazioni e alla Balkenkreuz tedesca. Gli italiani allo stesso modo ridipinsero i loro mezzi in grigio verde nazionale e applicarono i loro simboli tattici usuali.

▲ La mimetica dei carri francesi era sempre molto particolare come si vede in questo char B1 Bis "RHON". Nella foto piccola il modello del cannone usato su questi carri.

CHAR B1 BIS NR. 551 SENZA TORRETTA, FRANCIA GIUGNO 1940

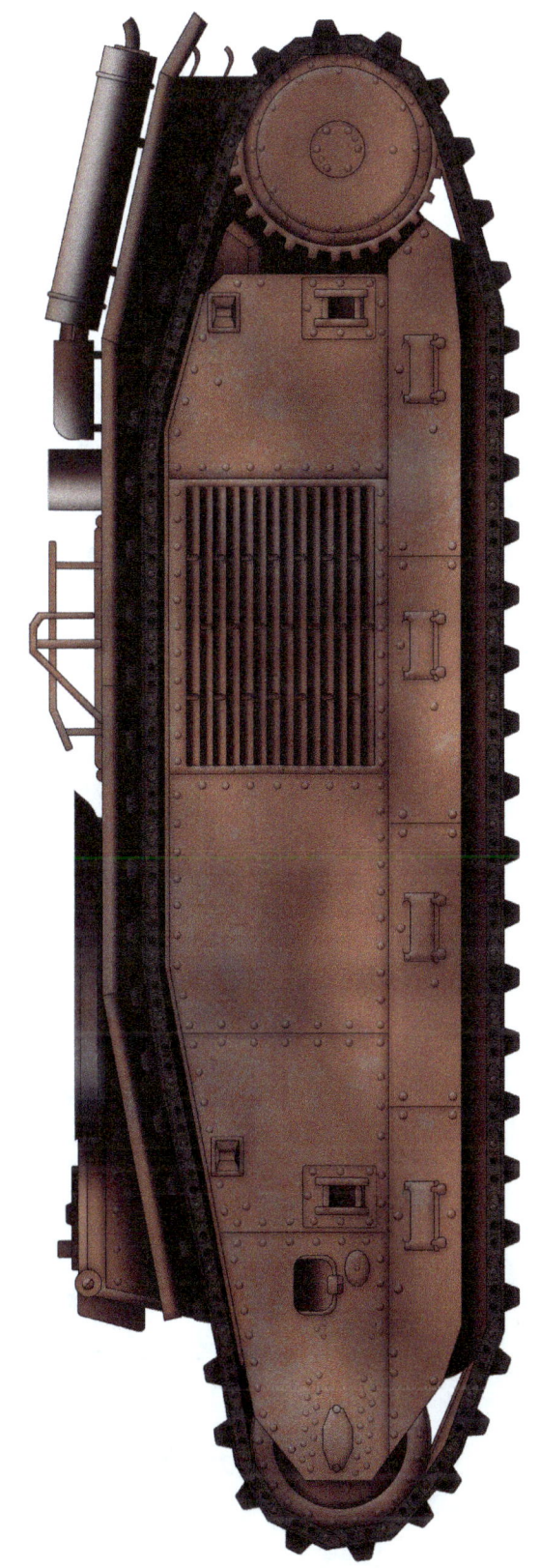

▲ Char B1 bis, si tratta del nr. 551, ultimo carro uscito dalla catena di montaggio della Renault senza torretta il 17 giugno 1940, Francia.

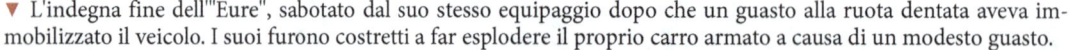

▲ Il B1 Bis "EURE" 337 del 41° BCC 2ª compagnia e il suo equipaggio prima della battaglia di Stonne. Questo carro armato è stato probabilmente il carro armato francese individuale più famoso di tutta la campagna del 1940.

▼ L'indegna fine dell'"Eure", sabotato dal suo stesso equipaggio dopo che un guasto alla ruota dentata aveva immobilizzato il veicolo. I suoi furono costretti a far esplodere il proprio carro armato a causa di un modesto guasto.

CHAR B1 BIS EURE NR. 337, FRANCIA 1940

▲ Char B1 bis EURE, n.337, appartenente al 41eme BCC, 3eme DCR, Francia 1940.

CHAR B1 TER - FRANCIA 1941

▲ Un Char B1 ter (con cannone da 75 mm ABS SA 35 howitzer & 47 mm SA 35) carro da battaglia medio il prototipo, Francia 1941.

CHAR B1 TER - DENOMINATO 6 ESTIENNE - FRANCIA 1941

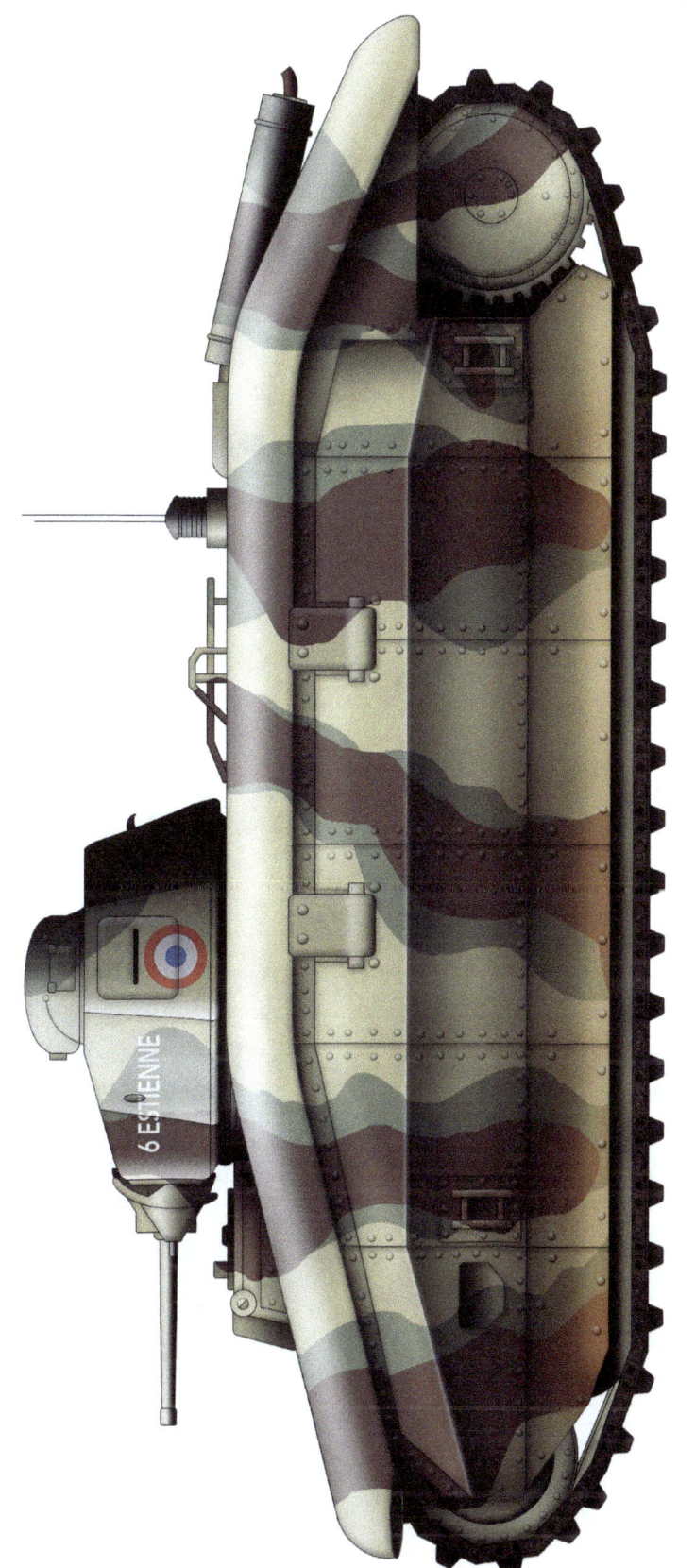

▲ Uno dei pochissimi Char B1 ter realizzati, già appartenenti al 15 BCC 2° DCR, Francia 1941.

▲ Questo carro era già stato catturato e poi recuperato dalle forze francesi della resistenza, Reims 1944.

CHAR B2 (F) 740, USO TEDESCO, RUSSIA 1942

▲ Un Char B1 BIS (Beaute-panzer) catturato dai tedeschi nel 1940 e poi riutilizzati in Russia con la loro denominazione B2 (F).

CHAR B1 BIS SCHEDA TECNICA

Caratteristiche generali

Equipaggio	4 (comandante, conducente/artigliere caricatore, oper. radio)
Peso	32T
Entrata in servizio	1935
Ritiro dal servizio	1944
Lunghezza	6,37 m
Produzione	35 B1 e 369 B1 Bis
Larghezza	2,58 m
Altezza	2,79 m
Capacità combustibile	400 l

Armamento

Armamento principale	1 × obice 75 mm SA 35 1 × cannone da 47 mm SA 34 (B1) 47 mm SA 35 (B1bis)
Armamento secondario	1 × mitragliatrice coassiale MAC 1931 da 7,5 mm in torretta 1 × mitragliatrici MAC 1931 da 7,5 mm
Proiettili	74 proiettili (HE) da 75 mm; 50 proiettili (HE e AP) da 47 mm; 5100 proiettili per mitragliatrice 7,5 mm

Motore e trasmissione

Motore	Motore Renault rinforzato a sei cilindri in linea (raffreddato a liquido)
Potenza (KW/HP)	307 hp (228 kW)
Rapporto peso/potenza	9,59 hp/t
Trasmissione	5 marce avanti, una retromarcia
Limite di velocità	28 km/h
Autonomia carburante	150 km/6 ore
Velocità su strada	28 km
Velocità fuoristrada	21 km
Trazione	Cingoli
Sospensioni	Molle a balestra; molle elicoidali

Corazzatura

Tipo	Piastre in acciaio imbullonate
Frontale (corpo)	60 mm
Laterale (corpo)	55 mm
Parte superiore (corpo)	15 mm
Piano del corpo	20 mm
Frontale (torretta)	56 mm
Lato (torretta)	46 mm
Parte superiore della torretta	30 mm

CHAR B2 ARTIGLIERIA SEMOVENTE SU SCAFO B1 USO TEDESCO, FRANCIA 1943

▲ Char B2 (beute panzer) con cannone da 10,5cm leFH 18-3 auf Geschützwagen, uso tedesco, Francia, aprile 1943.

▲ Un ARL 44 in lavorazione. Il carro rappresentava lo sviluppo finale del programma Char de Bataille, iniziato nel 1921, di cui il B1 Bis è il figlio più famoso. Il suo impiego tuttavia durò solo pochi mesi.

▼ Char B1 Bis "CROUY" del 15° BCC, 13ª RD 2° squadrone, davanti a diversi veicoli, tra cui alcuni S35 e un Loyd Carrier, utilizzati dal reggimento durante la liberazione delle sacche costiere tedesche sull'Atlantico.

CHAR B1 BIS FRANCIA LIBERA - LIBERAZIONE DI PARIGI, FRANCIA 1944

▲ Un Char B1 BIS già catturato dai tedeschi nel 1940 e poi riconquistato dagli alleati alla guarnigione tedesca di Parigi e usata durante la l:berazione di Parigi, agosto 1944.

CHAR B1 BIS VERSIONE FLAMMENPANZER, CHANNEL ISLAND 1944

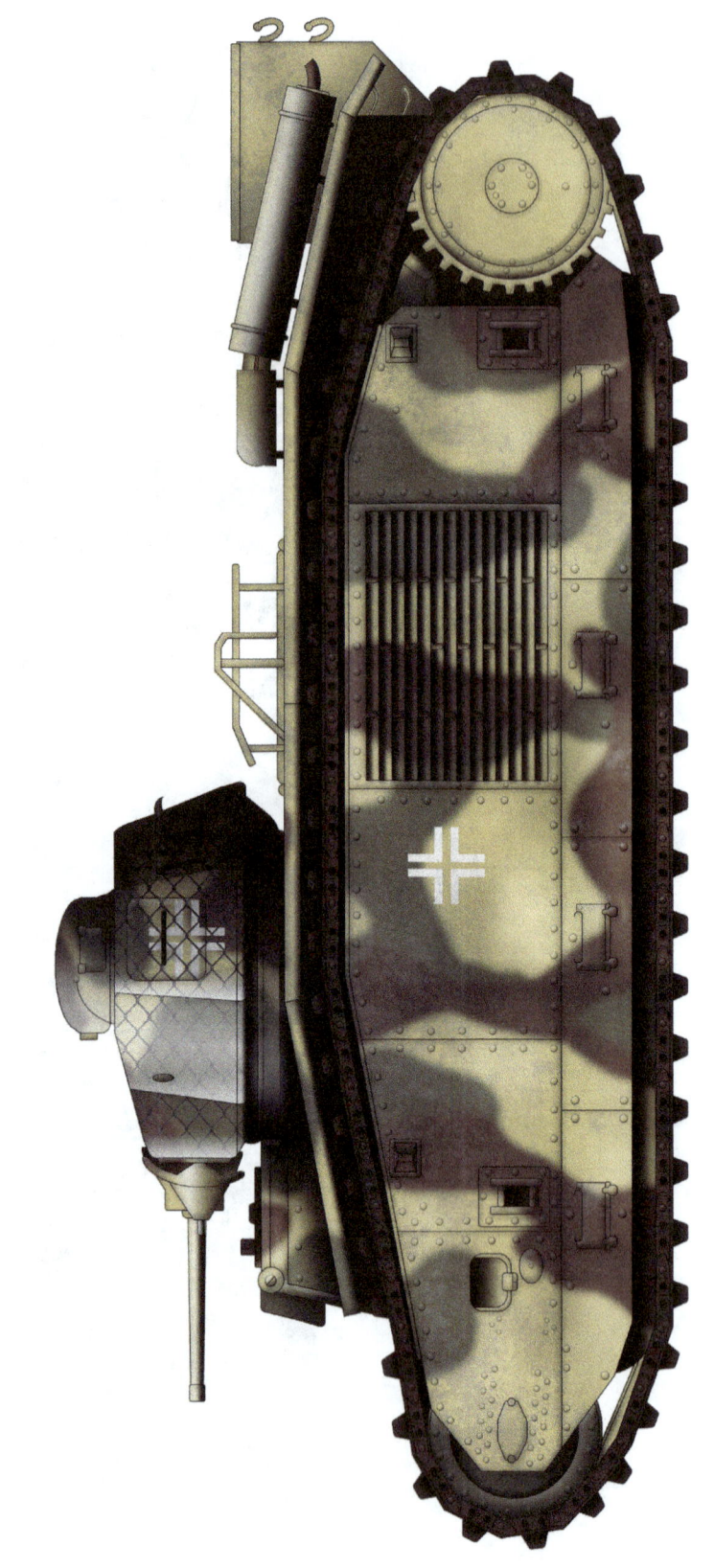

▲ Fra i tanti Beute-Panzer riutilizzati dalle forze armate tedesche, vi furono anche dei carri B1, come questo nell'immagine, convertiti in lanciafiamme. Il modello apparteneva alla dotazione della guarnigione tedesca sulle isole normanne del canale.

CHAR B1 BIS DENOMINATAO '15 CROUY', FRANCIA 1944

▲ Uno dei quaranta carri B1 bis impiegati durante la liberazione di Royan nel 1944. Nella forma raffigurata, ha partecipato a una parata cerimoniale dopo la battaglia.

BIBLIOGRAFIA

- *G. St Martin*, L'arme blindée francais 1er volume, Economica 1998.
- *P.Touzin*, Les engines blindés francais 1920-1945. EPA 1979.
- *S.Ferrard*, France 1940, larmament terrestre. ETAI 1998.
- *J.G.Jeudy,* Chars de France. ETAI, 1997
- Truck & Tanks Magazine; no 72; pages 43-45
- *Pierre Touzin*, Les véhicules blindés français, 1900-1944, EPA, 1979
- *Stéphane Bonnard, Francois Vauvillier,* Chars B au combat. : Hommes et matériels du 15ᵉ BCC, Histoire and Collections, 2003
- Tankograd: German Panzers and Allied Armour in Yugoslavia in World War Two; pages 75-76
- Magazine Panzerwerck no 19
- *Christophe Larribère*, « B1 Bis contre Panzer IV, le monstre affronte le fauve », Guerres & Histoire Hors série n°10, novembre 2020
- *James Bingham,* AFV No. 58 - French Infantry Tanks:Part I (Chars 2C,D and B), Profile Publications, 1973.
- *Pascal Danjou,* Les Chars B: B1 – B1 bis – B1 ter, Editions du Barbotin, Ballainvilliers 2005
- *François Vauvillier,* 2006, "Nos Chars en 1940 : Pourquoi, Combien", Histoire de Guerre, Blindés & Matériel, N°74.
- *Vauvillier François,* Notre Cavalerie Mécanique à son Apogée le 10 Mai 1940; Histoire de Guerre, Blindés & Matériel, N° 75, Histoire e Collections, 2007.
- *Steven J. Zaloga,* Panzer IV vs Char B1 bis: France 1940 (Osprey Duel), 2011
- *Zaloga, Steven J.* (2014), French Tanks of World War Two (2): Cavalry Tanks and AFVs, New Vanguard 213, Osprey Publishing
- *White, Brian Terrence,* 1983, Tanks and other Armoured Fighting Vehicles of World War II, Peerage Books London, p.92.
- *Thomas L.Jentz and Werner Regenberg,* Panzer Tracts No.19 Beute-Panzerkampfwagen, 2007
- *AA. VV.* Ateliers de Construction de Rueil – Services des Etudes – Char B1 Bis – Notice sur la description et l'entretien des matériels
- *Becze C.*, Magyar Steel. Hungarian Armour in WWII (Green Series N. 4101), Mushroom Model Publications, 2006, ISBN 978-83-89450-29-6.
- *Ness L., Jane's* World War II Tanks and Fighting Vehicles: The Complete Guide, Jane's Information Group / Harper Collins Publishers, 2002, ISBN 0-00-711228-9.
- *Spasibuhov Û.,* Французские танки второй мировой войны / М. Барятинский. (Francuzskie tanki vtoroj mirovoj vojny / M. Barâtinskij), Москва: Моделист-конструктор (Moskva: Modelist-kon.
- *Lucio Ceva – Andrea Curami.* La meccanizzazione dell'Esercito fino al 1943, tomo I e II,USSME, Roma, 1994.
- *Ludi, Giovanni,* Le forze corazzate bulgare. Eserciti nella Storia, N.62, Delta Editrice, Parma, maggio-giugno 2011.
- *Walter J. Spielberger:* Beute-Kraftfahrzeuge und -Panzer der deutschen Wehrmacht, 2. Auflage, Motorbuch Verlag, Stuttgart 1992, ISBN 3-613-01255-3

TITOLI PUBBLICATI

- ITALIAN LIGHT TANKS CV L3/33-35-38
- FOCKE-WULF FW 190
- SEMOVENTE 75/18 & 75/34
- ITALIAN MEDIUM TANK M13-40, M14-41 & M15-42
- PANZER III
- ITALIAN ARTILLERY 1914-1945 Vol.1
- PANZER II
- SOMUA S35
- FIAT C.R. 42 "FALCO"
- ITALIAN LIGHT TANK L6-40 & SEMOVENTE L40
- THE FIRST ITALIAN ARMOURED CARS, LANCIA 1Z, FIAT G11 AND OTHERS
- ITALIAN MEDIUM TANK M11-39
- HUNGARIAN TANKS TOLDI & TURAN
- PANZER 38 (t)
- ITALIAN ARTILLERY 1914-1945 Vol.2
- MATILDA MK II BRITISH TANK
- RUSSIAN LIGHT TANK T-26
- MESSERSCHMITT BF 109 Vol. 1 SERIE A-B-C-D-E
- M3 LEE/GRANT US MEDIUM TANK
- SEMOVENTI ITALIANI 2 :75/34-75/46-90/53-105/25-149/40
- STUG III SD.KFZ. 142
- BLINDATI UNGHERESI ZRÍNYI E CSABA
- FIAT 3000 E FIAT 2000
- CANNONI ITALIANI 1914-1945 Vol.3

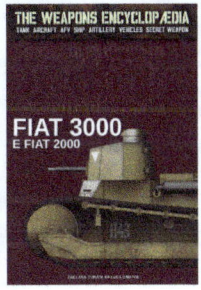

TWE-025 IT

www.ingramcontent.com/pod-product-compliance
Lightning Source LLC
LaVergne TN
LVHW081453060526
838201LV00050BA/1792